BEI GRIN MACHT SICH IHR WISSEN BEZAHLT

- Wir veröffentlichen Ihre Hausarbeit, Bachelor- und Masterarbeit

- Ihr eigenes eBook und Buch - weltweit in allen wichtigen Shops

- Verdienen Sie an jedem Verkauf

Jetzt bei www.GRIN.com hochladen und kostenlos publizieren

Bibliografische Information der Deutschen Nationalbibliothek:

Die Deutsche Bibliothek verzeichnet diese Publikation in der Deutschen Nationalbibliografie; detaillierte bibliografische Daten sind im Internet über http://dnb.d-nb.de/ abrufbar.

Dieses Werk sowie alle darin enthaltenen einzelnen Beiträge und Abbildungen sind urheberrechtlich geschützt. Jede Verwertung, die nicht ausdrücklich vom Urheberrechtsschutz zugelassen ist, bedarf der vorherigen Zustimmung des Verlages. Das gilt insbesondere für Vervielfältigungen, Bearbeitungen, Übersetzungen, Mikroverfilmungen, Auswertungen durch Datenbanken und für die Einspeicherung und Verarbeitung in elektronische Systeme. Alle Rechte, auch die des auszugsweisen Nachdrucks, der fotomechanischen Wiedergabe (einschließlich Mikrokopie) sowie der Auswertung durch Datenbanken oder ähnliche Einrichtungen, vorbehalten.

Impressum:

Copyright © 2012 GRIN Verlag
Druck und Bindung: Books on Demand GmbH, Norderstedt Germany
ISBN: 9783668658943

Dieses Buch bei GRIN:

https://www.grin.com/document/416093

Peter Krause

Erweiterung der Klagemöglichkeit von Umweltverbänden

GRIN Verlag

GRIN - Your knowledge has value

Der GRIN Verlag publiziert seit 1998 wissenschaftliche Arbeiten von Studenten, Hochschullehrern und anderen Akademikern als eBook und gedrucktes Buch. Die Verlagswebsite www.grin.com ist die ideale Plattform zur Veröffentlichung von Hausarbeiten, Abschlussarbeiten, wissenschaftlichen Aufsätzen, Dissertationen und Fachbüchern.

Besuchen Sie uns im Internet:

http://www.grin.com/

http://www.facebook.com/grincom

http://www.twitter.com/grin_com

Technische Universität Dresden

Juristische Fakultät

Kolloquium

„Rechtsprechung zum Umwelt- und Planungsrecht"

Wintersemester 2012/2013

Erweiterung der Klagemöglichkeit von Umweltverbänden

Peter Krause

Law in Context (5. Fachsemester)

Datum: 29.12.2012

Inhaltsverzeichnis

I. Einleitung..5

II. Sachverhalt..5
    1. Problematik der Klagemöglichkeit..5
    2. Vorlagefragen..7

III. Urteil..7

IV. Eigene Würdigung..10

Literaturverzeichnis

Appel, Markus, Umweltverbände im Ferrari des deutschen Umweltrechtsschutzes- Anmerkung zur Trianel-Entscheidung des EuGH, NuR 2011, S. 414-416

Bunge, Thomas, Die Klagemöglichkeiten anerkannter Umweltverbände aufgrund des Umwelt-Rechtsbehelfsgesetzes nach dem Trianel-Urteil des Europäischen Gerichtshofs, NuR 2011, S. 605-614

Fellenberg, Frank/ Schiller, Gernot, Rechtsbehelfe von Umweltvereinigungen und Naturschutzvereinigungen nach dem „Trianel-Urteil" des EuGH, UPR 2011, S. 321-329

Kloepfer, Michael, Umweltschutzrecht, 2. Auflage, München 2011

Schmidt, Alexander/ Zschiesche, Michael/ Tryjanowski, Alexandra, Die Entwicklung der Verbandsklage im Natur- und Umweltschutzrecht von 2007 bis 2010, Berlin 2011

Abkürzungsverzeichnis

a.a.O.	am angegebenen Ort
BUND	Bund für Umwelt und Naturschutz Deutschland
bzw.	beziehungsweise
d. h.	das heißt
EuGH	Europäischer Gerichtshof
FFH	Flora-Fauna-Habitat
grds.	grundsätzlich
i. S. v.	im Sinne von
m. E.	meines Erachtens
NRO	Nichtregierungsorganisation
NuR	Natur und Recht
Rdnr.	Randnummer
RL	Richtlinie
UPR	Umwelt- und Planungsrecht
UVP	Umweltverträglichkeitsprüfung
z.B.	zum Beispiel

I. Einleitung

Am 12.Mai 2011 verkündete der Europäische Gerichtshof das Urteil in der Rechtssache C-115/09, später auch bekannt unter dem Namen Trianel-Urteil. Dieses erweiterte die Klagemöglichkeiten von Umweltverbänden enorm. Vorausgegangen war ein Vorabentscheidungsersuchen des OVG Münster in dem Verfahren des Bundes für Umwelt und Naturschutz Deutschland (BUND) gegen einen Bescheid der Bezirksregierung Arnsberg[1].

II. Sachverhalt

Folgender Sachverhalt ging diesem Ausgangsverfahren voraus. Trianel plante ein Steinkohlekraftwerk in Lünen zu bauen und zu betreiben. Die Aufnahme der Arbeit, um Energie, bereitzustellen, war für 2012 geplant. Im Umkreis von 8km des geplanten Kraftwerks befanden sich fünf Flora-Fauna-Habitat-Gebiete.
Am 6. Mai 2008 erteilte, nach Durchführung einer Umweltverträglichkeitsprüfung gem. UVPG, die Bezirksregierung Arnsberg der Trianel GmbH & Co. KG einen Vorbescheid sowie eine Teilgenehmigung mit der Aussage, dass dem Standort des Steinkohlekraftwerks keine rechtlichen Bedenken entgegenstünden.
Daraufhin erhob der BUND als anerkannter Verband gem. §3 UmwRG Klage, um die Aufhebung der Bescheide zu bewirken. Sie führten insbesondere Verstöße gegen immissionsschutzrechtliche Schutz- und Vorsorgenormen, wasser- und naturschutzrechtliche Anforderungen sowie gegen Vorschriften der FFH-Richtlinie an (Rdnr. 24-26 des Urteils).

1. Problematik der Klagemöglichkeit

Das OVG Münster musste feststellen, dass die erlassenen Behördenbescheide nicht mit den Schutzbestimmungen über FFH-Gebiete vereinbar waren. Eine Nicht-Beeinträchtigung der genannten Gebiete konnte durch die Umweltverträglichkeitsprüfung nicht nachgewiesen werden (Rdnr. 27).
Der BUND war jedoch, nach deutschem Recht, nicht rügebefugt. Eine Verbandsklage gem. §64 BNatSchG war auszuschließen, weil dadurch keine immissionsschutzrechtlichen Genehmigungsentscheidungen angegriffen werden

---

[1] EuGH C-115/09

können.

Infrage kam §2 Abs.1 Nr.1 UmwRG. Dieser setzt u.a. eine Verletzung von Rechten Einzelner voraus. Die wasserrechtlichen und naturschutzrechtlichen Vorschriften schützen aber gerade nicht Rechte Einzelner, sondern Interessen der Allgemeinheit (Rdnr. 30-32).

Den Verbänden blieb deshalb nur die Anfechtungsklage §42 Abs.1 S.1 Var.1 VwGO unter der abweichenden Voraussetzung des §42 Abs.2 VwGO. Dieser setzt wohl zwar keine Verletzung in den eigenen subjektiv-öffentlichen Rechten voraus, jedoch zumindest einer Schutznorm. Das entstandene Rechtsmittel nennt sich „schutznormakzessorische Verbandsklage". Aber auch die Voraussetzungen dafür werden in diesem Fall nicht erfüllt[2].

Die Klage des BUND wäre nicht zulässig und hätte keine Aussicht auf Erfolg. Die Kläge wäre nicht zulässig, aber wohl begründet.

Das Gericht war sich unsicher, ob dieses Ergebnis mit dem Europarecht konform sei. Waren doch bereits nach Gesetzeserlass Stimmen laut geworden, dass im UmwRG Europarecht unzureichend umgesetzt wurden sei[3,4]. Gerade Art. 10a der UVP-Richtlinie (Richtlinie 85/337/EWG) solle Verbänden einen weiten und somit einfacheren Zugang zu Gerichten ermöglichen (Rdnr. 33).

Art. 10a der UVP-Richtlinie gibt den Mitgliedstaaten zwei Möglichkeiten in Fragen von Umweltangelegenheiten den gerichtlichen Zugang zu ermöglichen, das Modell der Interessentenklage und das Modell des Individualrechtsschutzes.

Vorausgesetzt wird bei ersterem Modell ein ausreichendes Interesse am Rechtsstreit, bei letzterem eine Rechtsverletzung. Bei dem Trianel-Fall handelte es sich ausschließlich um die Beurteilung des Modells des Individualrechtsschutzes.

Gem. Art.10a Abs.3 S.1 UVP-Richtlinie definieren die Mitgliedstaaten selbst den Begriff der „Rechtsverletzung", unter dem Aspekt, dass ein weiter Zugang gewährleistet werden soll. Art. 10a Abs.3 S.2,3 UVP-RL erwähnt speziell die Umweltvereinigungen, indem ihnen die Rolle als Träger von Rechten, die verletzt werden können, eingeräumt wird.

Das wirft die Frage auf, ob Umweltverbände neben Verletzung von Vorschriften zum

---
2 Fellenberg, UPR 2011, S. 321
3 Kloepfer, Umweltschutzrecht, §5 Rdnr. 14-21
4 Appel, NuR 2011, S. 414

Schutz des Einzelnen nicht auch die Verletzung von Vorschriften, die dem Interesse der Allgemeinheit dienen, geltend machen können sollten.

2. Vorlagefragen

Diese Überlegungen voran gestellt, setzte das OVG Münster das Verfahren aus und legte dem EuGH drei Fragen zur Vorabentscheidung vor.

In der ersten Frage möchte das Gericht wissen, ob Nichtregierungsorganisationen (NRO) die Verletzung aller maßgeblichen Umweltvorschriften rügen können, also Vorschriften die dem Einzelnen rechtsschützend dienen, als auch die im Interesse der Allgemeinheit stehenden.

Die zweite Frage thematisiert, im Falle, dass Frage 1 nicht komplett zu bejahen sei, ob dann wenigstens das Klagerecht bei Verletzung von Umweltvorschriften, die unmittelbar in Gemeinschaftsrecht gründen oder die gemeinschaftliche Umweltvorschriften in innerstaatliches Recht umsetzen, und ebenso Interessen der Allgemeinheit als auch Rechtsgüter Einzelner schützen, gegeben sei. Zwei dazugehörige Anschlussfragen sollen die Antwort präzisieren, indem inhaltliche Anforderungen (z.B. unmittelbare Wirkung, Schutzzweck, Zielsetzung) bei Bejahung gefordert werden.

Die dritte und letzte Frage zielt auf die Wirkungsweise der Richtlinie ab. Das OVG Münster möchte wissen, ob den Umweltverbänden ein unmittelbares Recht aus der UVP-Richtlinie erwächst, das ihnen den gerichtlichen Zugang ermöglicht (Rdnr. 34).

III. Urteil

Der EuGH beantwortet die ersten beiden Fragen nicht getrennt, sondern fasst sie zusammen. Wird die Richtlinie 85/337/EWG nun mit Blick auf die Ziele des Übereinkommens von Aarhus betrachtet, kommt man zwangsläufig zu selbigen Ergebnis wie der EuGH.

Art. 10a der UVP-RL soll Nichtregierungsorganisationen die Möglichkeiten geben die materiell-rechtliche und verfahrensrechtliche Rechtmäßigkeit von Entscheidungen, Handlungen oder Unterlassungen anzufechten, völlig ungeachtet davon, ob der jeweilige Staat das Modell der Interessentenklage oder das Modell des Individualrechtsschutzes praktiziert. Die Bundesrepublik Deutschland entschied sich, wie bereits erwähnt, für das letztere Modell. Während von den Staaten für den Fall der Individualklage bestimmt werden muss, was genau eine Rechtsverletzung ist (mit der Maßgabe der betroffenen Öffentlichkeit einen weiten Zugang zu Gerichten zu gewähren), gilt das für Verbandsklagen nicht. Bei Klagen von Umweltverbänden ist stets davon auszugehen, dass sie Rechte besitzen, die verletzt werden können (Rdnr. 37-42).

Als Grund dafür nennt der Gerichtshof zum einen den Äquivalenzgrundsatz, zum anderen den Effektivitätsgrundsatz.

Der Äquivalenzgrundsatz besagt, dass ein Mitgliedstaat Geimeinschaftsrecht in gleicher Weise anzuwenden hat wie sein eigenes rein innerstaatliches Recht.

Der Effektivitätsgrundsatz verpflichtet den Mitgliedstaat Gemeinschaftsrecht so in eigenes Recht umzusetzen, dass dadurch die durch die Rechtsordnung verliehenen Rechte nicht praktisch unmöglich oder übermäßig erschwert werden[5].

Unstrittig ist, dass die Staaten weiterhin die Autonomie besitzen festzulegen, welche umweltbedeutsamen Rechtsverletzungen gerügt werden dürfen. Die Beschränkung des Klagerechts von z.B. natürlichen Personen auf subjektiv-öffentliche Rechte ist dabei vollkommen legitim. Jedoch kollidiert eine deckungsgleiche Übertragung auf Umweltorganisationen i.S.v. Art.1 Abs. 2 UVP-Richtlinie mit selbiger, als auch mit den Errungenschaften der Aarhus-Konferenz (Rdnr. 44,45).

Eine Beschränkung auf die Geltendmachung von Rechten Einzelner durch NROs harmonisiert mit dem Ziel des Art. 10a Abs.3 S.1 der UVP-Richtlinie „der betroffenen Öffentlichkeit einen weiten Zugang" zu gewähren ebenso wenig wie mit dem Effektivitätsgrundsatz[6]. Grund dafür ist, dass die aus Unionsrecht erwachsenen Vorschriften vermehrt die Interessen der Allgemeinheit schützen. Das wiederum bindet den Umweltverbänden sinnbildlich die Hände und beschränkt ihre Klagebefugnis auf ein Minimum. Das dies nicht Absicht der Richtlinie, sowie der Aarhus-Konvention sein kann, liegt auf der Hand.

Diesen Erwägungen folgend, addiert somit der EuGH zu den „Rechten, die verletzt werden können" innerstaatliches Recht, welches Unionsumweltrecht umsetzt, sowie direkt und unmittelbar anwendbare EU-Umweltvorschriften (Rdnr. 48).

Mit einem Blick auf den konkreten Sachverhalt indiziert diese Sicht der Dinge die

---

5 Bunge, NuR 2011, S. 606
6 Bunge, a.a.O., S. 606

zulässige Klagemöglichkeit von Umweltverbänden aufgrund der Verletzung von Schutzvorschriften aus Art. 6 FFH-Richtlinie, die bereits oben erwähnt wurde.
Der EuGH schlussfolgert zusammenfassend zu den Fragen 1 und 2, das Art. 10a der UVP-RL anerkannten Umweltorganisationen die Klagebefugnis erteilt, im Falle von behördlichen Entscheidungen, Handlungen oder Unterlassungen die „möglicherweise erhebliche Auswirkungen auf die Umwelt haben" Verletzungen zu rügen, die Vorschriften betreffen, welche einen unionsrechtlichen Hintergrund besitzen, die Umwelt schützen sollen und lediglich die Interessen der Allgemeinheit tangieren (nicht Rechtsgüter Einzelner schützen) (Rdnr. 49,50).
Das Unionsrecht wurde also nicht hinreichend durch den deutschen Gesetzgeber umgesetzt.
Die dritte Frage beinhaltet, wie bereits erwähnt, die Frage nach der Wirkungsweise der UVP-Richtlinie. Genauer gesagt, ob Art. 10a Abs.3 S.3 der Richtlinie 85/337 Nichtregierungsorganisationen i.S.v. Art.1 Abs. 2 UVP-RL, die sich mit dem Umweltschutz befassen, einen direkten Zugang zu Gerichten ermöglicht und das trotz Kollision mit dem nationalen Verfahrensrecht (Rdnr. 51).
Eine Berufung auf Unionsrichtlinien vor nationalen Gerichten setzt jedoch voraus, dass die einschlägige Richtlinie inhaltlich unbedingt und hinreichend genau sein muss. Weiterhin muss die Richtlinie nicht fristgemäß oder nur unzulänglich durch den jeweiligen Mitgliedstaat umgesetzt worden sein[7].
Trotz, dass Art. 10a UVP-RL den Mitgliedstaaten Autonomie in den Bereichen der Definition der Rechtsverletzung sowie der Zulässigkeitsvoraussetzungen der Klage und der Zuständigkeit verleiht, weist er sie auch in harte Schranken.
Richtet man den Fokus auf Art. 10a Abs.3 S.2,3 erkennt man, dass Nichtregierungsorganisationen, nach Erfüllung der Voraussetzungen des Art.1 Abs.2 UVP-RL, unterstellt wird, Träger von verletzbaren Rechten zu sein bzw. ausreichendes Interesse grds. zu besitzen (je nach Modell). Es ist somit nicht von Bedeutung, ob eine tatsächliche Rechtsverletzung vorliegt. Dem Mitgliedstaat bleibt keine Möglichkeit zur Einschränkung oder ähnlichen freien Gestaltung. Folglich ist Art. 10a als hinreichend genau und inhaltlich unbedingt zu betrachten.
Resümierend ist damit zu sagen, dass der EuGH in seinem Urteil eine

---

[7] Bunge, a.a.O., S. 609

europarechtskonforme Auslegung des Art. 10a UVP-RL ablehnt. Daher ist der Wortlaut des Artikels zwingend zu ändern. Bis das wiederum geschehen ist, könnte Art. 10a selbst unmittelbar als Rechtsgrund eines Rechtsbehelfs herhalten. Durch die Bestimmtheit, gerade in Satz 2 und Satz 3 des dritten Absatzes Art. 10a, ist das problemlos möglich.

Der EuGH gibt den Umweltverbänden so eine Klagemöglichkeit bis zur Neufassung des §2 Abs. 1 Nr. 1 UmwRG. Eine unmittelbare Wirkungsweise wird bejaht (Rdnr. 59).

IV. Eigene Würdigung

Der Europäische Gerichtshof entlarvte mit seiner Rechtssprechung zu §2 UmwRG den Trick des deutschen Gesetzgebers, Umweltverbände größtenteils in ihren Rügemöglichkeiten zu behindern. Nun ist Deutschland in der Pflicht den Wortlaut des §2 UmwRG neu zu verfassen und diesmal die UVP-Richtlinie 85/337 richtig umzusetzen. Es ist anzunehmen, dass der BRD dabei argwöhnisch auf die Finger geschaut werden wird. Bis das jedoch der Fall sein wird, gilt die direkte Anwendbarkeit des Art. 10a der UVP-Richtlinie. Das ist m. E. die beste Übergangslösung. Um die Ziele der Union im Bereich des Umweltschutzes umzusetzen, ist wohl nichts besser geeignet als Umsetzung durch die EU-Richtlinie selbst. Auch an der direkten Anwendbarkeit besteht kein Zweifel.

Jedoch wirft die Erweiterung der Klagemöglichkeit auch Probleme auf.

Dadurch, dass nun viele Umweltverbände i.S.v. Art.1 Abs. 2 UVP-RL die Möglichkeit besitzen, Behördenentscheidungen anzufechten, könnte man damit rechnen, dass sie diese Chance nutzen. Die Klagen gegen z.B. Errichtung von Anlagen würden sich vermehren, da die Rechtsverletzung auf Seiten des klagenden Verbandes fiktiv angenommen wird. Eine Überprüfung, ob das tatsächlich der Fall ist, findet nicht mehr statt. Die Klageflut würde Gerichte überschwemmen. Es könnte zu einer Überlastung kommen, was zur Folge hätte, dass ein ordentlicher und gewissenhafter Rechtsschutz nicht mehr möglich ist. Dies würde aber die Intention der europäischen Richtlinie verfehlen. Generalanwältin Sharpston meinte selbst, dass durch einen weiten Zugang zu Gerichten für Umweltverbände ein intensiver Umweltschutz entstehen solle. Behörden sollten gehalten sein, unter genauer

Beachtung der europäischen Normen ihre Entscheidungen zum Wohle der Umwelt zu fällen und falls ihnen ein Fehler unterlaufen sollte, sollten Umweltverbände dann fehlerhafte bzw. zweifelhafte Entscheidungen anfechten können. Umweltverbände nehmen quasi die Rolle einer zweiten Prüfungsinstitution ein.

Prinzipiell eine effektive Lösung, jedoch mit inflationärer Klagehäufung könnte dies ein Traumbild bleiben.

Die bisherige Anzahl von Anfechtungsklagen gegen Behördenbescheide im Bereich der Umwelt, die durch Nichtregierungsorganisationen erhoben wurde, ist recht gering[8]. Eine Gefahr der Klagehäufung lässt sich nicht erkennen. Jedoch handelt es sich um eine Studie aus den Jahren 2007 bis 2010, also vor dem Trianel-Urteil.

Man wird beobachten müssen, wie die Umweltverbände ihre neuen Möglichkeiten wahrnehmen.

Es bleibt zu hoffen, dass Umweltverbände ihre Klagemöglichkeiten nicht überstrapazieren und somit den Umweltschutz stärken, statt zu behindern[9].

---

8 Schmidt/ Zschiesche/ Tryjanowski, Die Entwicklung der Verbandsklage im Natur- und Umweltschutzrecht von 2007 bis 2010, S. 9-11
9 Appel, a.a.O., S. 416

BEI GRIN MACHT SICH IHR WISSEN BEZAHLT

- Wir veröffentlichen Ihre Hausarbeit, Bachelor- und Masterarbeit

- Ihr eigenes eBook und Buch - weltweit in allen wichtigen Shops

- Verdienen Sie an jedem Verkauf

Jetzt bei www.GRIN.com hochladen und kostenlos publizieren